Yf 9526

LETTRE

SUR

OMPHALE.

LETTRE

DE

M. GRIMM

SUR

OMPHALE,

TRAGÉDIE LYRIQUE,

reprife par l'Académie Royale de Mufique le 14 Janvier 1752.

Ingenium cui fit, cui mens divinior, atque os
Magna fonaturum, des nominis hujus honorem.

M. DCC. LII.

Ⓒ

LETTRE

DE

M. GRIMM

SUR

OMPHALE,

TRAGÉDIE LYRIQUE,

reprise par l'Académie Royale de Musique le 14 Janvier 1752.

'AI osé condamner Omphale, Madame, avant que de sçavoir que vous la protégiez. Vous m'ordonnez de justifier en public mon jugement, & vous avez raison sans doute ; j'ai befoin d'une juftification pour avoir jugé de la Mufique Françaife, & beaucoup plus encore, pour n'avoir pas été de votre avis.

Je ne veux point renouveller ici les parallèles ufés de la Mufique Européenne & de la Mufique Françaife, car comme tous les juges font parties, c'eft un procès qui ne finira jamais. J'en parlerai feulement, autant qu'il eft néceffaire, pour autorifer la liberté que je prends, d'examiner cette derniere ; autrement, au lieu de pefer mes raifons, on me demanderoit peut-être de quel droit je me mêle d'en dire.

Je n'ignore pas que, toutes les fois qu'il eft queftion de leur Mufique, les Français refufent nettement la compétence à tous les autres peuples, & ils ont leurs raifons pour cela. Cependant quand ces mêmes Français nous affurent que la Mufique Chinoife eft déteftable,

je ne crois pas qu'ils se soyent donné la
peine de prendre l'avis des Chinois pour
prononcer ce jugement. Pourquoi nous
ôteroient-ils par rapport à eux, au moins
sur la Musique, un droit dont ils usent
très-librement, & sur plus d'un point, à
l'égard des autres Nations ?

La Musique Italienne promet & donne
du plaisir à tout homme qui a des oreilles, il n'y faut pas plus de préparation
que cela. Si tous les peuples de l'Europe l'ont adoptée, malgré la différence
des langues, c'est qu'ils ont préféré leur
plaisir à leurs prétentions.

Je crois donc pouvoir dire que, la fin
de la Musique étant d'exciter des sensa-
tions agréables par des sons harmonieux
& cadencés, tout homme qui n'est pas
sourd, est en droit de décider, si elle a
rempli son objet ; j'avoue que pour bien
juger une Musique nationale, il faut de
plus connaître le caractère de la Langue

par rapport au chant, & c'eſt auſſi une étude que j'ai tâché de faire : ſi je dois me flatter de quelque ſuccès, c'eſt ce que j'apprendrai de vous, Madame, après la lecture de cette Lettre.

Commençons donc par admettre le genre ; c'eſt ce que je fais très-ſincérement, & je lui trouve de grandes beautés, quoique toujours inférieures à celles de la Muſique Italienne. La Muſique Françaiſe eſt très-bien adaptée au génie de la Langue ; & l'Opéra Français fait auſſi un genre à part, dont la Nation a raiſon d'être jalouſe ; car tout ce qui eſt véritablement genre, ne ſçauroit être conſervé avec trop de ſoin.

Vous voyez, Madame, que je ſuis équitable. Non-ſeulement j'ai jugé la Muſique Françaiſe par elle-même ; loi toujours négligée par la fureur des comparaiſons, mais je n'ai eu nulle peine à m'accoutumer à ſon génie & à ſentir ſes beautés : le hazard, il eft vrai, a été pour moi. J'arrive à Paris auffi prévenu contre votre Opéra, que le font tous les Etrangers ; j'y cours, bien fûr de le trouver plus mauvais encore que je ne me l'étois figuré : à mon grand étonnement j'y trouve deux chofes que j'étois bien éloigné d'y chercher, de la Mufique & une voix qui chantoit. C'étoit *Platée*, Ouvrage fublime dans un genre que M. Rameau a créé en France, que quelques gens de goût ont fenti, & que la multitude a jugé. C'étoit Mademoifelle Fel, qui avec le plus heureux organe du monde, avec une voix toujours égale, toujours franche, brillante & légère, connaiffoit encore l'art que nous appellons en langage facré *chanter* ; terme honteufement profané en France, & appliqué à une façon de pouffer avec effort des fons hors de fon gofier, & de les fracaffer fur les dents par un mouvement

de menton convulfif ; c'eft ce qu'on appelle chez nous *crier*, & qu'on n'entend
jamais fur nos Théâtres, à la vérité,
mais tant qu'on veut dans les Marchés
publics. Ma furprife, je l'avoue, fut
étrange, & cette expérience m'a corrigé
pour jamais, à ce que j'efpére, de l'envie
de juger avec précipitation fur un bruit
vague & incertain. Cependant je n'avois
qu'à arriver deux jours plutôt, on don-
noit *Médée & Jafon*, & j'étois affermi
dans toutes mes idées.

Après la confeffion que je viens de
faire, on me permettra, j'efpére, d'obéir
à vos ordres, & de hazarder quelques
remarques fur la Mufique d'Omphale,
avec toute la franchife qui m'eft naturelle : l'intérêt des arts, du goût, & furtout de la Nation, demande qu'on y puiffe
toujours dire la vérité ; & c'eft une gloire
que la France a feule parmi tous les Peuples de l'Europe, que tout Etranger peut

parler librement dans fon fein , même
pour relever les défauts qu'il y trouve.
Cette noble confiance de ce Peuple ,
l'objet de notre admiration & quelquefois de notre jaloufie , en dit plus que
nous ne fçaurions faire , & ce font nos
Critiques mêmes qui font fon plus bel
éloge.

Vous me permettrez , Madame , de ne
point parler du Poëme ; le refpect que
j'ai pour le Créateur (a) du Ballet , pour
l'Auteur de l'Europe Galante , d'Iffé &
de tant d'autres beaux Ouvrages , me
mettroit dans le cas de prouver qu'Omphale n'eft pas digne de lui : j'aime
mieux me borner à la Mufique dont

_____

(a) M. De la Mothe. Je le nomme ainfi que les
autres hommes célébres par leur mérite & par leur
talent , que perfonne ici ne fçauroit méconnaître.
C'eft pour garantir de méprifes quelques - uns de
mes compatriotes entre les mains defquels cette Lettre pourroit tomber , & qui pour être au fond de la
Saxe ou de la Baviere , n'en font pas moins dignes
d'honorer le vrai mérite.

l'Auteur (b) peut mériter des égards qui me font moins connus.

Je prévois que les partifans d'Omphale m'abandonneront bien des parties de cet Opéra, & furtout celle qu'on appelle la Mufique par excellence. Ils conviendront qu'il n'y faut point chercher de fçavoir, ni de richeffes, ni d'harmonie. Ils me parleront du goût, du naturel, & de l'expreffion qui font dans le chant de cet Opéra, & c'eft précifément fur ces chofes-là que je veux l'attaquer. Selon moi ce chant eft d'un bout à l'autre de mauvais goût, & rempli de contrefens, trifte, fans aucune expreffion, & toujours au-deffous de fon fujet, ce qui eft le pire de tous les vices; fans compter que la baffe continuë, toujours errante au hazard, parcourant avec incertitude le clavier, fans fçavoir où

(b) M. Deftouches.

s'arrêter, ne rencontre à la fin la domi-
nante, que pour finir, presque toujours à
contresens, sur une cadence parfaite.

Pour prouver toutes ces choses, il faudroit parcourir cette Musique ligne par
ligne ; mais je ne prétends pas faire un
Livre ; & quand on veut s'éclairer de
bonne foi, peu d'exemples bien choisis,
& peu de réflexions bien méditées, suffi-
sent pour juger beaucoup de choses.

On a reproché à M. Rameau de ne
point entendre le Récitatif ; il me paraît
même que quelques-uns de ses amis n'o-
sant au commencement le justifier de ce
côté-là, ont mieux aimé avancer que tout
le monde peut faire un Récitatif, que de
soutenir la bonté du sien. Il est pourtant
bien constaté qu'il n'y a rien de si difficile
au monde que de faire le Récitatif (c),

(c) Le caractere du Récitatif Italien est si sublime, qu'il assure lui seul à cette Musique une supé-
riorité de laquelle aucune autre n'approche. Je n'i-
magine rien au-dessus de sa vérité. Egalement ca-

car c'eſt l'ouvrage du génie tout pur. Mais c'eſt préciſément dans cette partie que je

pable de toutes les expreſſions & de tous les carac-
teres, il déclame & marche avec pompe & majeſté
dans la Tragédie ; il parle avec feu & rapidité le
langage de toutes les paſſions ; & avec le même
bonheur, il fait parler la joie, la gayeté, le ſentiment, l'enjouement, la plaiſanterie, la bouffon-
nerie. Le Récitatif Français, au contraire, eſt par
ſon genre triſte, lent, monotone, ſuſceptible pourtant de grandes beautés. L'éloge que je viens de
faire du Récitatif Italien, ne paraîtra étrange qu'à
ceux qui, ſans principe & ſans réfléxion, ſont ac-
coutumés à répéter ce qu'ils ont entendu dire à d'autres. Ils me diront que ſouvent le Récitatif n'eſt pas
écouté en Italie, & qu'on n'y a des oreilles que
pour les Ariettes. Mais il y a des gens en Italie qui
préférent l'Arioſte au Taſſe, & il y en a à qui je
voudrois défendre d'écouter la muſique des *Pergoleſi*,
des *Buranelli*, des *Adolphati*, tout comme je voudrois empêcher à Paris certaines gens d'aller entendre
Pigmalion. Je prie ceux qui ne voudront pas s'en rapporter à moi ſur cette inſériorité du Récitatif Français, de chercher dans les futurs Volumes de l'Encyclopédie le mot *Récitatif* & les autres articles qui y
ont rapport. Je croi pouvoir m'appuyer du ſentiment
& des raiſons de l'Auteur de cette partie ; (M. Rouſ-
ſeau, Auteur du Diſcours de Dijon) car quoiqu'il
affecte fiérement d'ignorer tant de choſes, on ne
peut lui faire l'honneur de croire qu'il ignore les
beautés du Récitatif Français, après avoir vu celui
des *Muſes galantes*.

trouve M. Rameau grand très-souvent,
& toujours original (*d*).

Je respecte le Créateur du Récitatif
Français. Pour oser le juger, il ne suffit
pas de voir sur le papier & de lire la Par-
tition, il faut avoir vû le tableau en
Scène. Il me tarde bien d'admirer Armide, ce chef-d'œuvre de Quinault, cet
Opéra que la Nation ne se lasse jamais de
voir. Des gens dont le jugement est pour

(*d*) C'est une anecdote très-curieuse dans l'His-
toire de la Musique Française, qu'en 1735. M. Rameau n'a pas osé imprimer le Récitatif des Indes
galantes, parce que tout Paris le trouvoit détestable.
Et ce qui est bien plus singulier, c'est que l'Auteur
dans sa Préface, en demande pardon au Public,
qui, sans le dire, le trouve aujourd'hui très-beau.
Écoutons une de ces scenes barbares des Indes galantes; celle, par exemple, entre Huascar & Phani,
dans l'acte des Incas. Avec quelle dignité, avec
quelle majesté le Musicien fait parler l'Inca! Suivez
la marche de cette Basse toujours simple & naturelle.
Remarquez cette aisance & cette variété dans la
modulation, ces passages hardis, quand la nature de
la déclamation les demande. Je sçai seulement mauvais gré au Poëte d'avoir fait un traître d'un homme
qui parle avec tant de majesté de ses Dieux, & qui
rend au Soleil un culte si sublime.

moi une démonſtration, m'ont aſſuré que le talent de Lully en Récitatif, eſt auſſi grand que ſa célébrité. Je le crois, mais je ne croirois pas que des oreilles ac-coutumées à la vérité, & à la beauté du chant par Armide, Atys, Théſée, &c. euſſent jamais pû écouter Omphale, & ſurtout ſon Récitatif, ſi je ne ſçavois qu'immédiatement après le ſiécle de Racine, & pendant celui de M. de Voltaire, on a joué avec grand ſuccès des Tragé-dies où il n'y a pas trois vers Français de ſuite.

Voyons l'entrée d'Alcide accompa-gnée d'une fanfare de Bateleurs. Avec quel chant ignoble & ennuyeux, ce fils des Dieux, ſortant victorieux du combat, donne ſes ordres à ſes guerriers. Il les con-gédie, il gémit tout auſſi baſſement du trouble où l'amour le jette. Tandis qu'il ſe plaint de Junon, je plains Iphis (e)

(e) M. Jeliote.

d'entendre un fi mauvais chant ; plus malheureux en cela que les autres guerriers d'Alcide qui s'en vont pour fe préparer à une fête où l'on joue des Airs de cabaret, & où l'on danfe la plus longue & la plus trifte Chaconne de France, en réjouiffance du pardon qu'Omphale accorde aux rébelles. En général il n'y a pas dans l'Opéra entier, un feul Air de caractére, & l'on n'y en doit pas chercher : il n'appartient peut-être qu'à M. Rameau de donner de la phyfionomie à tout ce qu'il peint ; mais on a droit d'exiger que chaque Air foit un, au lieu que dans Omphale ce n'eft jamais qu'une rapfodie de phrafes de Mufique , quelquefois agréables , coufuës l'une à l'autre , fans rapport, fans liaifon & fans deffein.

Mais hâtons-nous de voir ces Scènes tant vantées , que quelques gens de goût, qui ont de l'efprit & du difcernement, eftiment encore. Je choifirai la

feconde du fecond Acte qui réuffit beaucoup par la fineffe , & l'intérêt que
l'Actrice a trouvé le fecret d'y mettre.
Mais je fuis en garde contre les char-
mes qu'Omphale & Iphis employent
pour me féduire. Je rends hommage à
leur talent ; mais je fépare l'expreffion
de l'Acteur de celle du Muficien , & alors
je trouve le chant qu'Omphale me force
d'applaudir dans fa bouche, plat, trifte
& monotone fous la plume du Muficien,
& je lui trouve, qui pis eft, de la pré-
tention en ce qu'elle me répéte fouvent
jufqu'à trois fois ce que je voudrois n'a-
voir jamais entendu.

Voulez-vous un exemple du contrefens le plus parfait ? Le voici. Le Poëte
dit :

Si vous aimiez, Iphis, changeriez-vous de même ?

C'eft Omphale qui parle, & l'Actrice
qui exprime ce vers avec une fineffe

singulière, à mieux aimé s'en rapporter au Poëte qu'au Muſicien ; car ce dernier finiſſant mal à propos ſon chant par cadence parfaite, dit :

Si vous aimiez, Iphis, vous changeriez de même.

Cet exemple eſt ſi frappant, que je vous ſupplie de le comparer à un exemple de l'expreſſion la plus heureuſe que je vais vous indiquer dans l'Acte de la Guir-lande.

MIRTIL.

Mais le Zéphir lui-même, aimé de ma Bergere, Seroit auſſi conſtant que moi.

ZELIDE.

Auſſi conſtant que vous ?

Vous trouverez dans cette modulation le dépit, l'indignation, l'étonnement, l'ironie de la Bergere, les nuances de naïveté, d'amour & de mépris même, & vous ſentirez encore plus de choſes

que je n'en sçaurois exprimer. L'expreffion des paroles précédentes

MIRTIL.
Je reviens encor plus tendre.
ZELIDE.
Et plus fidéle ?

n'eft pas moins heureufe.

Omphale, immédiatement après les
paroles que j'ai citées, exprime peut-être
affez bien par fon chant ce vers :

Mon cœur eft plus tendre & moins fort.

mais, en remarquant la contenance d'I-
phis, elle devroit continuer avec une
furprife mêlée d'une joie fecrete :

Vous vous troublez, d'où naît cette douleur mor-
telle ?

C'eft ce que l'Actrice joue fort bien ;
mais le Muficien lui fait dire avec beaucoup de tranquillité :

Vous vous troublez, au moins, je vous en avertis.

Puifque je fuis fur le chapitre des
contrefens

contrefens, j'en citerai encore quelques
exemples. Omphale dit à fa fuite :

Je veux tout oublier : qu'on leur ôte ces chaînes.

La Muſique le dit en fuppliant ; mais
l'Actrice le dit en Reine qui commande
& qui pardonne.

Elle dit dans un autre endroit :

Mais je dois voir les jeux que mon peuple m'apprête,
Heureuſe, ſi l'amour y conduit mon Héros.

Le Muſicien a eu affez d'efprit pour fentir qu'il faut donner de l'expreſſion à ce
dernier vers, mais, par un malheur qui le
pourſuit toujours, il dit par fa modulation plaintive tout le contraire :

Que je ferois déſeſpérée , ſi l'amour y conduiſoit
Iphis !

Ces exemples ſont plus que ſuffiſans ,
je crois, pour mettre tout le monde en
état d'examiner, d'après eux, le chant de
cet Opéra, & d'en découvrir pluſieurs
autres tout auſſi marqués. Comme je

B

fuis de bonne foi, je les ai tous choifis
dans le rôle d'Omphale, dont on ne dira
pas que le chant ne foit rendu exactement, & les défauts très-adroitement
fauvés. Mais pour examiner avec juf-
teffe, il eft effentiel de diftinguer le jeu
& le talent de l'Acteur d'avec fon rôle ;
loi également ignorée & violée à l'O-
péra & à la Comédie.

Remarquons en général que le contrefens qui eft un défaut d'intelligence
dans l'Acteur, eft défaut de génie & de
talent dans le Muficien, furtout quand il
eft général & continuel ; & jugez ce que
c'eft qu'un Opéra d'un Muficien fans
talent ?

Imaginons un moment que Mademoifelle Fel, oubliant le Poëte, jouât fon
rôle dans l'efprit que le Muficien lui a
donné, qu'elle exprimât fidélement tous
les contrefens, & réglât uniquement fa
déclamation & fon jeu fuivant l'expref-

fion du chant. Ce feroit peut-être la moins mauvaife façon de parodier, s'il y en devoit avoir de permifes chez une Nation qui fe plaît à voir tourner en ridicule par des bouffons étrangers, non-feulement les chef-d'œuvres par lefquels elle a furpaffé la Grece & Rome, mais quelquefois les hommes mêmes à qui elle doit fa gloire & fa réputation dans les Lettres. Si l'Actrice eût voulu rendre au Public le fervice dont je viens de parler, elle l'auroit infailliblement éclairé; car c'eft-là le droit de la vérité, rien ne lui réfifte quand elle fe montre à découvert : & le Public par la forte de reconnoiffance qui lui eft propre, n'auroit pas manqué de mettre fur le compte de l'Actrice les fautes qu'elle auroit eu l'adreffe de lui faire appercevoir dans fon rôle.

J'ai choifi exprès la Scène la plus intéreffante d'Omphale, car celles d'Alcide

& d'Argine font toutes mauvaifes ; ce qui n'empêche pas, je l'avoue, qu'elles ne joüiffent d'une grande réputation.

Pour que la Scène mérite l'éloge d'être bien faite, il faut que le Poëte fçache y mettre des détails agréables ou de l'intérêt, & que le Muficien en faififfe le véritable efprit, & lui donne la vraie déclamation, car il n'y en a qu'une : l'homme de génie la trouve quelquefois, mais elle refte éternellement cachée au Muficien vulgaire. Or, je crois qu'il y a des longueurs fans aucun intérêt, dans les Scènes d'Alcide & d'Argine, de la part du Poëte, & un chant de mauvais goût, & jamais le vrai de la part du Muficien. J'excepterois peut-être le morceau :

Ah, fi l'amour devoit toucher ton ame.

dont le chant accompagné d'une forte de Baffe-contrainte, pourroit être rendu d'une maniere touchante.

Je remarque en général que le Récitatif mesuré que vos Muficiens employent, furtout pour exprimer les grands
mouvemens , & pour débiter les maxi-
mes , eft par fon genre & par fon caractere , au-deffous de la dignité tragique.
Vous me citerez la majefté & la nobleffe
avec laquelle l'Inca dans les Indes galantes dit à Phani en mefure :

Obéiffons fans balancer ,
Lorfque le Ciel commande.

Mais je vous dirai que les grands talens
fçavent tout annoblir , & je vous citerai
à mon tour toutes ces Chanfonnettes de
mauvais goût qu'Alcide débite , & qui
paraiffent être volées à quelque Chori-
phée d'un branle de Village ; à com-
mencer par celle

L'amour eft sûr de la victoire.

& à finir par cette autre,

Mais je fçaurai percer la nuit obfcure.

B iij

qui eſt, comme quelques autres, fort
applaudie, ſans que le parterre ni moi
ſçachions pourquoi. S'il vous arrive,
Madame, comme il ne faut renoncer à
rien d'agréable, de vous promener un
jour pendant la Foire de Leipſic dans
le Fauxbourg de S. Pierre, vous trouverez dans votre chemin ſur une banquette
un aveugle vénérable par ſa vieilleſſe,
qui montre ſa toile qu'il ne voit point,
& qui chante avec beaucoup d'expreſſion, ſur l'air

Mais je ſçaurai percer, &c.

des paroles tudeſques, à la vérité, mais
plus convenables au caractére du chant.

Au reſte, c'eſt aux gens de l'art à éxa-
miner mon ſentiment ſur ce point, &
à décider, ſi en effet le Récitatif meſuré
répond mal à la majeſté de la Tragédie,
& s'il ne faut point peut-être le réléguer
dans le Ballet & dans la Paſtorale,

Je ferai une autre remarque fur les Duo d'Alcide & d'Argine, applaudis de tant de mains & de tant de pieds : tandis que celui d'Omphale & d'Iphis,

Ah ! répétez cent fois un aveu fi charmant.

qui eft fimple, naturel, d'un chant agréable & chanté jufte, n'eft écouté que de quelques gens de goût.

Les Duo en général ont déja l'inconvénient d'être hors de nature. Il n'eft pas naturel que deux perfonnes difent, tournent & retournent les mêmes paroles pendant une demie - heure. On s'en apperçoit affés à l'embarras des Acteurs dans leur jeu. Il n'y a que l'agrément extrême de ces morceaux & l'enchantement que la Mufique y fçait répandre, furtout en Italie, qui puiffent me faire oublier ce défaut de vraifemblance. J'écoute avec plaifir deux Amans tendres (pourvu que la Mufique le foit auffi) fe jurer récipro-

B iv

quement une conſtance éternelle. Leurs plaintes, leurs malheurs me touchent &, ſi le Muſicien le veut ou le peut, ils me percent l'ame. Mais voir Alcide & Argine ſe quereller, ſe menacer pendant un quart - d'heure, par les mêmes paroles, & quand le Poëte enfin m'en délivre, & les fait partir, les voir revenir ſur leurs pas, parce que le Muſicien ne peut pas oublier ſitôt le beau morceau qu'il croit avoir fait, les voir recommencer à ſe dire les mêmes injures en meſure, c'eſt voir le comble de l'extravagance & du mauvais goût.

Quand même ma remarque ne feroit pas juſte en général, & qu'il y auroit des occaſions de faire chanter les mêmes paroles par deux Acteurs qui ne ſont pas d'accord, les Duo d'Omphale ne vaudroient pas mieux pour cela. Je prie un de nos Chanſoniers de faire une chanſon à boire ou une Romance des querelles de Colin & de Colette sur la Musique de ce fameux morceau :

Je sens triompher dans mon cœur.

Duo qui doit son grand succès à la massuë redoutable d'Alcide, & qui fait rire la moitié du Parterre, tandis que l'autre applaudit : c'est alors seulement qu'il sera dans son vrai caractere. Je ne comprens pas, comment M. Destouches n'a pas été soupçonné par M. de la Mothe d'avoir travaillé pour la Comédie Italienne, & d'avoir voulu faire la Parodie plutôt que la Musique d'Omphale.

Ma Lettre s'allonge insensiblement & j'ai peur, Madame, que vous n'aimiez mieux abandonner Omphale à son mauvais sort, que d'écouter plus long-tems son adversaire. Permettez - moi de faire encore trois remarques, & je vous promets de parler un jour avec autant d'admiration & d'enthousiasme de M. Destou-

ches, que j'en ai peu pour Omphale,
quand j'aurai le plaisir de voir sur la Scene
Issé, ouvrage qui a la réputation d'être
aussi charmant, qu'il est unique dans son
genre.

Pour avoir une idée du talent de mettre la Scene en Musique, je vous supplie
d'écouter celle de Céphise dans *Pigmalion* ; Scene épisodique, pour le moins
aussi déplacée & aussi ennuyeuse que la
conversation d'Aquilon & d'Iris dans
l'Acte de la Vuë. D'où vient que je ne
sçaurois écouter trois paroles de celle-ci
& que j'écoute celle de Céphise & de
Pigmalion avec un plaisir extrême ? C'est
que Pigmalion m'intéresse dès que le Musicien lui fait lire :

Céphise, plaignez-moi.

Examinez la vérité & la noblesse du
chant de cette Scene. Comme il est tou-

chant, fimple & varié! Quelle expreffion ! Ecoutez ce Vers :

> N'accufez que les Dieux : j'éprouve leur ven-
> geance.

Avec quel bonheur il exprime :

> J'avois bravé l'amour.

Non-feulement la modulation eft dans
fon caractere, c'eft-à-dire, plaintive,
non-feulement elle m'exprime la force
du terme *braver*, mais elle me peint encore le repentir de Pigmalion. Je fçai
bien que M. Rameau en faifant cette Scene n'a fongé à rien de tout cela ; & moi
auffi vraiment j'aimerois bien mieux l'a-
voir faite fans y fonger, que d'y découvrir toutes les beautés que je fens :

Voyez fi vous pouvez entendre fans
être touchée :

> Oui, je fens de l'amour toute la violence.

Mais il faudroit copier toute la Scene.

Ayez la bonté de la comparer avec les plaintes d'Argine. Pour voir la différence, choififfons les deux derniers Vers de fon rôle, dont le chant n'eft peut-être pas mauvais. Argine dit fans expreffion :

Quel cahos ! quelle horreur !

dans un morceau où tout devroit être exprimé. Elle diroit peut-être affez bien :

Soutenez-moi, je meurs d'amour & de douleur.

Mais le Muficien, au lieu de fuivre naturellement la modulation qu'il avoit ren-contrée affez heureufement, met un éclat de voix fur *Amour* ; marque caractériftique des petits génies qui, ne pouvant entrer dans le fens de la véritable déclamation, s'attachent à exprimer quelques mots détachés hors du fens. Ce qui eft bien certain, c'eft qu'Argine mourante & toute livrée à fa douleur, en prononçant le mot *d'Amour*, ne fonge pas plus à y mettre du sentiment & de l'expreffion, que moi à en être touché.

Je trouve cette même expreffion puérile , & c'eft ma feconde remarque , dans le Monologue : *Ô rage ! Ô défefpoir !* qui a la réputation d'être très-beau. Le Muficien n'a pas manqué de donner de l'expreffion à chaque mot. Il exprime *Rage, Défefpoir, Fureur,* & il s'eft applaudi fans doute du contrafte que cela fait avec le mot *gémit* exprimé avec foin dans le Vers fuivant; deforte que le chant de ce fameux Monologue , qui forme une penfée unique , change de caractere à chaque hemiftiche. Car fon prélude non - feulement n'a rien de commun avec le chant & l'accompagnement du premier Vers , mais ce Vers n'a aucune liaifon de chant avec les mots :

Venez venger l'amour ,

Ni ceux-là avec ceux-ci :

qui gémit dans mon cœur.

Ni cette premiere partie du Monologue
avec le reste. En vérité, s'il est permis de
faire de la Musique de cette façon, je me
mettrai en societé avec trois ou quatre
hommes les premiers venus & tout aussi
dépourvûs de talent que moi, nous nous
partagerons fidelement les Vers, un par
un, par hémistiches même, s'ils sont trop
longs, & nous ferons des Opéra.

M. Destouches auroit dû s'appercevoir
qu'il avoit à faire parler une Amante gé-
missante qui, toute outragée qu'elle est,
ne peut vaincre son amour, qu'elle n'a
ni rage, ni fureur dans le cœur, puis-
qu'elle les appelle à son secours, & qu'au-
lieu de l'expression puérile du mot *gémit*,
il falloit faire tout le chant du Monologue gémissant, & peindre par le prélude
& l'accompagnement les cris plaintifs
d'une Amante trahie.

Je prie encore les connaisseurs de

comparer cette réfléxion d'Argine :

Mais Alcide se plaint de la fierté d'Omphale

Réfléxion qui est en contresens :

Le hait-elle ?

Décision , sans expression & sans change-
ment de modulation :

Je veux pénétrer dans son cœur.

avec cette réfléxion du mauvais Génie
dans Acante & Céphise :

S'il descend au tombeau , Céphise va le suivre ;
S'il voit le jour , il est aimé.

Réfléxion heureusement rendue :

Il est aimé...

Décision prompte & forte :

Rompons , rompons , &c.

Et je les prie de ne point oublier que le
mérite de cette derniere réfléxion appartient au Musicien seul , car le Poëte n'y
avoit pas songé. Vous voyez, Madame,
que je ne balance pas à citer un ouvrage

que M. Rameau ne mettra certainement
pas dans le premier rang de ses Opéra.

Encore une observation & je finis.
Ayez la bonté de lire la quatriéme Scène
du quatriéme Acte d'Omphale, & d'ima-
giner ce qu'elle seroit devenue entre les
mains de M. Rameau. Comment il auroit
dit :

Que le jour palissant fasse place aux ténébres !
Que vos clameurs touchent les morts !

Ce qu'il auroit fait du morceau :

Quel transport saisit mes esprits !

M. Destouches se ressemblant toujours,
accompagne l'ombre de Tirésie d'une
simphonie qui me peint Argine accablée
de sommeil. Mais malheureusement il
oublie si vîte les desseins qu'il ébauche,
qu'il me prive de la consolation de voir
la triste Argine endormie.

Si je me permettois de juger la Musique par la lecture, sans l'avoir entendu
exécuter,

éxécuter, je ferois le paralléle du fecond
Acte d'Hippolite & Aricie avec Omphale. Je citerois pour la force de l'expreffion, ces vers dans la bouche d'une
Furie :

> Non , dans le féjour ténébreux
> C'eft en vain qu'on gémit , c'eft en vain que l'on
> crie ,
> Et les plaintes des malheureux
> Irritent notre barbarie.

M. Deftouches n'auroit pas peut-être
donné de l'expreffion à ces vers, mais
en revanche il n'auroit pas oublié d'exprimer à fa façon *gémit*, & d'adoucir la
modulation fur le mot *plaintes* prononcé
par la Furie. Je citerois enfuite pour mo-
déle du plus noble Récitatif, celui de
Théfée à Pluton :

> Inéxorable Roi de l'Empire infernal, &c.

& j'oppoferois aux Duo d'Omphale

C

celui de Théſée & de la Furie :

> Non, rien n'appaiſe ta fureur.
>
> Non, rien n'appaiſe ma fureur, &c.

Mais, afin que je ne vous parle pas éternellement de votre Orphée, comparez cetteScene d'Omphale défigurée par le Muſicien, avec la belle Scene du ſerment & de la conjuration du premier Acte de Tancrede. (ƒ) J'ai applaudi l'entrée de ce Heros dans la forêt enchantée avec la même ſincérité que je m'ennuye à l'anniverſaire de la naiſſance d'Omphale, & j'ai été auſſi attendri par ce monologue touchant & noble de Tancrede :

> Sombres forêts, aſile redoutable, &c.

qu'Alcide me rebute par cette ſombre & triſte déclaration d'amour qu'il fait à Omphale.

C'eſt un problême inexplicable en ap-

(ƒ) Ce Poëme eſt de Danchet, & la Muſique de Campra.

parence, comment les mêmes Spectateurs qui ont applaudi ce chef - d'œuvre de l'art, ce divin Pigmalion , la veille , ofent marquer le lendemain le moindre plaifir à Omphale. Mais il n'eft pas difficile de rendre compte de ces contradictions. C'eft aux Philofophes & aux gens de Lettres que la Nation doit, même fans s'en dou-ter, fon goût devenu depuis peu général pour la bonne Mufique , ainfi que pour tous les beaux arts. C'eft à leurs éloges que M. Rameau doit principalement la juftice & les honneurs que toute la Na-tion lui rend aujourd'hui. Mais la nature & l'inftinct font dans un feul jour en Ita-lie & ailleurs plus de profélytes au bon goût, que les Philofophes n'en font ici par leurs differtations en plufieurs années. Ce goût, quoique général en France, eft encore vague , il eft fouvent balancé par de vieux préjuges qui femblent ref-pectables par leur faibleffe même , comme

quelquefois la vieilleffe n'a d'autre titre à
la confidération que fa décrépitude. C'eft
encore aux Philofophes & au tems de fi-
xer ce goût, &de le rendre fûr chez la Nation. Dans dix ans d'ici le magafin de l'O-
péra fe débarraffera de bien de prétendus
tréfors, & il ne fera pas plus pauvre pour
cela. Atys, Armide, Hippolite & Aricie
feront à la tête de la Tragédie : l'Europe
Galante & les Fêtes de l'Hymen & de l'A-
mour à la tête du Ballet : Iffé fera le modele des paftorales, & je crains fort que
Platée ne refte fans rivale comme elle a
été fans modele.

L'autorité & le crédit des gens de Lettres avanceront fans doute ce terme fi
glorieux pour la France. C'eft à eux,
comme Profeffeurs de leur Nation & de
l'Univers, d'éclairer la multitude par
leurs lumieres & de la guider par leurs
préceptes. En fait de goût la Cour donne
à la Nation des modes & les Philofophes

des loix. Il ne leur faut que le courage qu'ils n'ont pas toujours , d'affronter les opinions le plus généralement reçues & souvent les plus abfurdes , de les attaquer avec toute la force de la raifon , & de les exterminer par-tout où ils les trouvent. Le Philofophe (*g*) qui a fait le difcours préliminaire de l'Encyclopédie , leur a donné le fignal. Il a ofé admirer fes Contemporains & fes Compatriotes. Il a ofé avec une hardieffe digne de lui & de tout homme qui penfe, parler de ces génies fupérieurs , dont il partage les travaux & la gloire, & dont la Nation ingrate, quelquefois plus encore par défaut de lumiéres, que par envie & jaloufie , a fouvent méconnu le mérite & terni l'éclat qui n'en rejailliffoit que fur elle. Le tems n'eft pas éloigné , j'efpere , où le Public apprendra l'art d'écouter , & où il décidera des chofes de goût & des Arts agréables

(*g*) M. D'Alembert.

C iij

avec la même fineſſe & avec la même dé-
licateſſe que faiſoit autrefois le peuple
d'Athénes. C'eſt alors qu'il ne nommera
plus dans un Acteur, expreſſion de chant,
ce qui n'eſt que jeu outré, effort des poû-
mons, quelquefois un geſte de bras, où
un mouvement de baguette. C'eſt alors
qu'il n'appellera plus chant ce qui n'eſt
qu'une ſuite de cris, ſouvent faux, toujours déſagréables. C'eſt alors que les
grands talens ſeront véritablement flattés
des applaudiſſemens qu'ils reçoivent &
qu'ils les regarderont comme leur appa-
nage le plus précieux ; au lieu qu'aujour-
d'hui ils ont ſouvent à rougir des hommages que leur prodiguent les mêmes
mains qui ſe proſtituent un moment après
avec la même fureur, à applaudir ce qu'il
faudroit ſiffler, ou du moins, ce qu'il ne
faudroit que tolérer avec un ſilence in-
dulgent, pour faciliter le paſſage du néant
à la médiocrité.

Il me faut l'efpérance de toutes ces ré-
volutions, pour calmer la douleur que me
caufe le fuccès éclatant de Pigmalion. Je
m'apperçois tous les jours avec regret
qu'on n'en fent que ce qui eft joli, &
qu'on oublie ce qui eft beau. C'eft une
fuite de ce goût pour les petites chofes,
de cette maladie de retréciffement d'efprit
qui femble avoir infecté notre fiécle, &
qui eft caufe dans un autre fens que tout
le monde s'occupe de l'ornement de fes
cheminées & de deffus des portes, & que
perfonne ne fonge au portail de fa maifon.

C'eft l'Ariette : (*h*) *Regne Amour, &c.*

(*h*) Je ne puis m'empêcher de remarquer ici un
autre grand avantage de la Mufique Italienne fur la
Françaife. Leur Aria eft précifément, comme leur
Récitatif, capable de toutes les expreffions & de
toutes les formes. Ce font deux figures également
belles & agréables ; l'une dans un habillement noble
& fimple ; l'autre couverte de toute la richeffe d'un
luxe rafiné. Vous voyez la raifon pourquoi cette
derniere éblouit la multitude, & la facilité qu'elle
a de cacher fes défauts fous la fplendeur de fa parure.
L'Ariette, au contraire, ne fera jamais une partie

qui fait le grand fuccès de cet acte , la
beauté des deux monologues eſt perdue
pour la multitude. On les trouve bien

bien brillante de l'Opera Français : elle n'eſt pas
fille du génie ; non, elle ne prétend pas en France à
une origine ſi ſublime. Elle ne ſouffre que la pein-
ture agréable de certains mots. Le Muſicien eſt ré-
duit à folatrer éternellement autour d'un *lance*, *vole*,
chaîne, *ramage*, &c. Les grands tableaux , le langage du ſentiment & des paſſions ſont relégués dans
les monologues qui ne ſont qu'un Récitatif brodé,
orné, & quelquefois ſurchargé. Quelle carriere pour
un Muſicien, que l'*Aria* Italienne ! Voulez-vous de
grands tableaux ? les voici :

      Vo ſolcando un mar crudele
          Senza vele
        E ſenza ſarte ,
      Freme l'onda , il Ciel s'imbruna :
      Creſce il vento , e manca l'arte ,
      E il voler della fortuna
      Son coſtretto à ſeguitar.

Autre.

      Leon piagato à morte
      Sente mancar la vita ,
      Guarda la ſua ferita ,
      Nè s'avviliſce ancor.
      Coſì frà l'ire eſtreme
      Rugge , minaccia , e freme
      Che fà tremar morendo
      Tal volta il cacciator.

Il ſeroit impoſſible au pinceau du Muſicien de ſur-
paſſer dans ces tableaux l'expreſſion & le coloris du
Poëte. Voici un autre tableau , où le Poëte ne fait

faits, on le dit froidement, on eft toujours
dans l'enthoufiafme de l'Ariette. Cette
Ariette cependant, le canevas du monde

qu'indiquer au Muficien ce qu'il a à rendre dans
toute fa force :

Scherza il Nocchier talora
Con l'aura , che fi defta ;
Ma poi divien tempefta ,
Che impallidir lo fà.
Non cura il pellegrino
Picciola nuvoletta ;
Ma quando men l'afpetta ,
Quella tuonando và.

Ecoutez le defordre & les fureurs des paffions.

Dimmi , che un empio fei ,
Ch' hai di macigno il core ,
Perfido , traditore ,
E allor ti crederò.
Vorrei di lui fcordarmi ,
Odiarlo , oh Dio , vorrei ;
Mà fento , che fdegnarmi ,
Quanto dovrei , non fò. . . .
Dimmi che un empio fei ,
E allor ti credero. . . .

Autre.

Dovrei. . . . mà nò. . . .
L'amor. . . . oh Dio ! la fè. . . .
Ah che parlar non fo. . . .

Voici l'expreffion de la douleur & de la tendreffe.

Che non mi diffe un dì ,
Quai numi non giurò !
E come , oh Dio , fi può
Come fi può così

le plus heureux, qui fait déployer à M.
Jeliote toutes les graces & toute la richeffe de fon talent enchanteur, n'eft que la

Mancar di fede !
Tutto per lui perdei,
Oggi lui perdo ancor.
Poveri affetti miei !
Quefta mi rendi, amor,
Quefta mercedè !

Autre.

Digli, chè 'è un infedele ;
Digli, che mi tradi :
Senti.... non dir così,
Digli, che partirò....
Digli, che l'amo.
Ah fe nel mio partir
Lo vedi fofpirar,
Tornami à confolar,
Che prima di morir
Di più non bramo.

Cette derniere ftrophe eft, comme vous voyez,
une miniature heureufe de la cinquiéme fcene du
quatriéme acte de Zayre.

Voulez-vous l'expreffion d'un fentiment touchant
& moins fort ?

Per pietà, bell' Idol mio,
Non mi dir ch'io fono ingrato,
Infelice, fuenturato
Abbaftanzà il Ciel mi fà.

Ecoutez le chant de ces amans malheureux.

Ah, che parlando, oh Dio
Tu mi trafiggi il cor !

Ou

Quando finifce, o Dei
La voftra crudeltà !

production d'un homme de goût ; au lieu
que l'Auteur des monologues doit avoir
été échauffé par ce feu divin que nous

> Se in così gran dolore
> D'affanno non si muore ,
> Qual pena uccidera ?

Voulez-vous enfin l'exemple d'un sentiment simple ,
naïf & tendre ?

> Tu di saper procura ,
> Dove il mio ben s'aggira ,
> Se più di me si cura ,
> Se parla più di me.

Autre.

> Ch'io mai vi possa
> Lasciar d'amare ,
> Non lo credete ,
> Pupille care :
> Nè men per gioco
> V'ingannerò.
> Voi foste e siete
> Le mie faville ,
> E voi sarete ,
> Care pupille ,
> Il mio bel foco
> Fin ch' io vivrò.

Autre.

> Tu sei la mia speranza
> Tu sei il mio piacer , &c.

Le Poëte & le Musicien Français seroient également
embarrassés , le premier à conserver à sa traduction
toute la simplicité de ces paroles , sans les avilir ;
l'autre à les exprimer dans le chant. Oserois-je dire
qu'en général les Français se sont peut-être trop éloi-
gnés de cette belle & heureuse simplicité de la na-

appellons génie. C'eſt le même ouvrier ;
je le ſçai, qui a fait l'un & l'autre morceau, mais les hommes devroient être
affectés tout différemment par ce qui eſt
beau, que par ce qui n'eſt qu'agréable.

J'avoue que je trouve à chaque repré-
ſentation de nouveaux objets d'admiration dans ces monologues. Quelle régu-
larité dans le deſſein, quelle harmonie

ture. Les plus belles ſcenes de Métaſtaſe ne réuſſi-
roient pas à Paris à cauſe de leur extrême ſimplicité.
Cet éloignement de la vérité & du beau ſimple eſt
général. On n'a qu'à voir comment nos Bergers ſont
habillés à l'Opera & nos Soubrettes à la Comédie.
Brutus, avec une robe chargée d'or, avec une grande
perruque & un grand plumet ſur ſon chapeau, au
milieu d'un Sénat auſſi richement habillé que lui,
débite ces beaux vers :

> Ces peres des Romains, vengeurs de l'équité,
> Ont blanchi dans la pourpre & dans la pauvreté.
> Au-deſſus des tréſors, que ſans peine ils vous cédent,
> Leur gloire eſt de dompter les Rois qui les poſſédent.
> Prenez cet or, Arons, il eſt vil à nos yeux, &c.

Si tel eſt le malheur des hommes, que dans leurs
imitations comme dans leurs recherches, ils ne
puiſſent jamais atteindre à la vérité, ni ſupporter à
découvert la clarté de ſa lumiere, pourquoi ne la
point cotoyer, du moins le plus près, ou la voiler
le moins qu'il eſt poſſible.

dans la fymphonie , quelle fimplicité ,
quel fçavoir dans la baffe continuë , quelle nobleffe dans fa marche , quelle expreffion dans le chant , comme il eft touchant & vrai, comme tout cela concourt
pour me faifir, pour me tranfporter hors
de moi-même. Pigmalion me fait pleurer
comme Orofmane. Avec quel art il re-
prend toujours ces paroles :

Fatal amour , cruel vainqueur ,
Quels traits as-tu choifi pour me percer le cœur !

Comme il les rend par gradation plus
touchantes à chaque reprife , fur-tout par
la baffe qui les conduit. Comme il m'exprime fur le même deffein des flûtes &
des violons les mots :

Que d'appas ! Que d'attraits !

Comme il me trouble moi-même quand
il s'adreffe à la ftatue :

Infenfible témoin du trouble qui m'accable ;

quand il me dit :

> Sa grace enchantereſſe
> M'arrache, malgré moi, des pleurs & des ſoupirs.
> Dieux ! Quel égarement ! Quelle vaine tendreſſe !

En vain je commanderois à mes lar-
mes, en vain je tâcherois de les arrêter.
Cela n'appartient qu'à celui qui les fait
couler. Il me ſaiſit tout-à-coup par un
trait de génie ; deux accords qui précé-
dent la priere de Pigmalion à Vénus , &
qui ſont d'autant plus ſublimes, qu'ils ſont
d'une ſimplicité extrême & un pur changement du mode mineur au majeur. Avec
quel bonheur il exprime & par le chant ,
& par la baſſe, & par la ſymphonie ces
mots :

> Pourrois-tu condamner la ſource de mes larmes !

En un mot, ſi la Statue ne s'animoit
point, & ſi je n'étois ſaiſi au moment du
miracle par ce changement hardi & heu-

reux du ton G re fol en E fi mi majeur,
il m'arriveroit comme à fon Amant ce
qu'il lui dit dans une modulation qui me
déchire l'ame :

> Si le Ciel ne vous eut fait vivre ,
> Il me condamnoit à mourir !
> Il me condamnoit à mourir !

Vous voyez , Madame , que l'enthoufiafme que ces morceaux infpirent, m'empêche de vous parler de cette ouverture
brillante , de cette farabande admirable
danfée par la Statue (*i*) de ce Chœur
majeftueux : *l'amour triomphe* , de ce caractere original de la Pantomime niaife ,
enfin de chaque morceau qui fait partie
de cet ouvrage immortel. Mais mon étonnement eft à fon comble , quand je penfe
que l'Auteur de Pigmalion eft celui du
quatriéme acte de Zoroaftre, que l'Auteur
de Zoroaftre eft celui de Platée , & que

(*i*) Mademoifelle Puvignée.

l'Auteur de Platée a fait le divertiſſement
de la Roſe dans l'acte des fleurs. Quel
Prothée toujours nouveau, toujours original, toujours ſaiſiſſant le vrai & le ſublime de chaque caractere, & dont on
peut dire exactement ce que le Philoſo-
phe que j'ai déja cité, dit de M. de Voltaire, qu'il n'eſt jamais ni au-deſſus ni au-
deſſous de ſon ſujet.

J'avoue, Madame, que je regarde l'admiration & le reſpect que j'ai pour tout
ce qui eſt vrai talent, dans quelque genre
que ce ſoit, comme mon plus grand bien
après l'amour de la vertu. Le Ciel en
favoriſant ces hommes de ſes bienfaits,
les a diſtingués de la foule des mortels
ordinaires. Grandeur, naiſſance, richeſ-
ſes, diſtinctions frivoles, honneurs chi-
mériques vous diſparaiſſez tous à mes
yeux. La ſeule préférence d'un homme à
talents ſur celui qui n'en a point, eſt juſte
& fondée. C'eſt la nature qui leur a im-
primé

primé cette empreinte facrée pour leur
attirer le culte & les hommages de l'hu-
manité.

J'érige dans mon cœur un Temple à ces
mortels privilégiés, & je permets à tous
ceux qui font affez heureux pour fentir
ce qui eft beau, d'affifter au culte que je
leur rends. Je ne crains point d'être effacé
en zéle. La fublime dévotion ne craint
point de rivaux.

Je croi, Madame, vous appercevoir
parmi le petit nombre de ces heureux
efprits qui s'empreffent d'honorer ce
Temple. Qui pourroit être plus digne
que vous, d'apprécier & d'admirer les talens ! Vous trouvez dans ce Temple les
images des morts illuftres ; des Autels &
de l'Encens pour les vivans. Ils font flattés de celui que vous leur accordez. Vous
ne ferez point étonnée de trouver l'autel
du Dieu (*) de la Danfe à côté de celui
de l'immortel Maurice. Vous ne le ferez

(*) M. Dupré.

D

point d'y trouver le Conquérant de la Siléfie, tantôt devant l'autel confacré à l'homme qui ne meurt point, au Chantre de Henri IV, à l'Hiftorien de Charles XII. qui mérite feul d'être le fien; tantôt devant cet autre autel confacré à l'Orphée de la France à côté de celui du divin Pergolefe; partageant fa dévotion entre le Sublime *Venite exultemus* (k) & le Pathétique *Salve Regina*; (l) ici arrêté par les graces & la légéreté de cette voix (m) unique qui par fon talent a appris à fa nation qu'on pouvoit chanter en Français, & qui avec la même hardieffe a ofé donner une expreffion originale à la Mufique Italienne; là écoutant avec admiration Aftroa & Salimbeni (n); féduit par l'expreffion, l'ame & l'aifance, cette marque infaillible du grand talent

(k) Motet de M. Mondonville, qui a fait tant de chef-d'œuvres dans ce genre.
(l) Petit Motet de Pergolefe.
(m) Mademoifelle Fel.
(n) La premiere eft à Berlin, M. Salimbeni eft à Drefde. Leur talent égale leur célébrité.

du chanteur (o) de la Nation Française ;
tantôt occupé dans l'attelier des Praxite-
les (p) du siècle ; ou bien étonné par la
fierté du pinceau de Carle (q) par la har-
diesse de son émule, (r) par la vérité &
la force de l'expression dans ces Pastels
animés ; (s) frémissant, tremblant à l'af-
pect de la sublime Mérope ; (t) saisi par
le jeu d'Orosmane ; (u) touché par la
vérité de ce Lusignan (x) vénérable ou
de ce Vieillard emporté ; (y) tantôt char-
mé des graces & du talent unique de Ze-
neïde ; (z) tantôt enchanté de l'art & de
la finesse du jeu de ce couple (aa) original & charmant ; tantôt attiré par ces
deux autres sujets inimitables, le Momus

(o) M. Jeliote.
(p) M. de Bouchardon, M. Pigale.
(q) M. Vanloo.
(r) M. Pierre.
(f) De M. De la Tour.
(t) Mademoiselle Dumesnil.
(v) M. Le Kaïn.
(x) M. Sarrasin.
(y) Dans l'Andrienne.
(z) Mademoiselle Gaussin.
aa) M. Grandval, Mademoiselle Grandval.

(bb) & la Thalie du siécle ; admirant tantôt la sagesse ; les vûes vastes & profondes du Philosophe, (cc) Législateur des Nations, & tantôt distrait par le jeu pathétique de ce Violon inimitable. (dd).

Cet homme extraordinaire, qui lui seul a du tems pour tout, trouve son autel élevé au milieu de ce temple. Vous l'y voyez ayant le gouvernail de ses états dans une main, & sa flute dans l'autre ; dictant d'un côté à son Chancelier (ee) le Systême des Loix, & de l'autre à son Musicien (ff) des desseins de Symphonie. Et le Ciel pour le dédommager du malheur qu'il a de régner, lui a accordé le précieux privilége, dont il est digne, de répandre ses bienfaits sur les talens qu'il a le bonheur d'admirer.

(bb) M. Armand, Mademoiselle Dangeville.
(cc) L'Auteur de l'Esprit des Loix , & d'autres ouvrages consacrés à l'immortalité.
(dd) M. Pagin.
(ee) M. le Baron de Cocceji.
(ff) M. Graun.

F I N.

www.ingramcontent.com/pod-product-compliance
Lightning Source LLC
LaVergne TN
LVHW022034080426
835513LV00009B/1038